INSTRUÇÕES
PARA A VIDA

EDIÇÃO: VINHA DE LUZ - Serviço Editorial
Departamento Editorial da Casa de Chico Xavier de Pedro Leopoldo
Av. Álvares Cabral, 1777 | 20º andar | Sala 2006 | Sto. Agostinho | 30170-001
Belo Horizonte | MG | (31) 2531-3200 | 2531-3300 | 3517-1573
www.vinhadeluz.com.br | informacoes@vinhadeluz.com.br
www.casadechicoxavier.com.br | informacoes@casadechicoxavier.com.br

COORDENAÇÃO EDITORIAL
Cezar Carneiro de Souza | Geraldo Lemos Neto
CAPA | PROJETO GRÁFICO
Célia Maria de Oliveira Soares | Luiz Augusto da Costa
DIAGRAMAÇÃO | REVISÃO TÉCNICA
Célia Maria de Oliveira Soares

1ª edição - novembro 2018 | 500 exemplares

Dados Internacionais de Catalogação na Publicação (CIP)
(Câmara Brasileira do Livro, SP, Brasil)

Lúcio, Neio (Espírito)
    Instruções para a vida / Neio Lúcio ; [psicografia
Francisco Cândido Xavier ; organização de Cezar
Carneiro de Souza, coordenação de Geraldo Lemos
Neto]. -- Belo Horizonte : Vinha de Luz, 2018 .

    Bibliografia.
    ISBN 978-85-63716-40-8

    1. Doutrina espírita 2. Jesus Cristo -
Interpretações espíritas 3. Médiuns 4. Mensagens
5. Psicografia I. Xavier, Francisco Cândido, 1910-
2002 . II. Souza, Cezar Carneiro de.
III. Lemos Neto, Geraldo. IV. Título

18-22320   CDD-133.93

Índices para catálogo sistemático :

    1. Mensagens psicografadas : Espiritismo 133.93
Maria Paula C. Riyuzo - Bibliotecária - CRB-/7639

INSTRUÇÕES
PARA A VIDA

VINHA
DE LUZ
SERVIÇO EDITORIAL

Belo Horizonte
2018

pígrafe

Wanda Amorim Joviano realizou, em 2006, com a primeira edição do livro SEMENTEIRA DE LUZ, o compromisso da fiel depositária das luminosas revelações espirituais que estiveram sob a sua guarda e de sua família desde os idos dos anos 30 em Pedro Leopoldo, berço natal de Chico Xavier, em Minas Gerais. E foi ele mesmo, Chico Xavier em espírito, depois da sua desencarnação, quem nos solicitou entrássemos em contato com ela, então vivendo no Rio de Janeiro.

Um amigo comum, Fernando Hermanny Peixoto Costa, nos cedeu o seu telefone e, assim, a partir de 2003, restabelecemos uma amizade genuína, nascida nas fontes de um passado distante, porém vivo em nossos corações.

Desse contato de almas irmãs no ideal nasceu a obra que resgatou para a história do Espiritismo preciosas informações da Espiritualidade, patenteadas pela inigualável mediunidade de Chico Xavier, que, semanalmente, às quartas-feiras, a partir de 1935, compareceu ao culto do Evangelho no lar de Dr. Rômulo e D. Maria Joviano, no qual diversos amigos espirituais se manifestaram psicograficamente.

Mas é Arthur Joviano, que a comunidade espírita já conhece como NEIO LÚCIO, pai de Dr. Rômulo, chefe de Chico Xavier na Fazenda Modelo de Pedro Leopoldo, quem se destaca na assistência amorosa e desvelada pelos que ficaram na retaguarda do mundo terrestre, escrevendo-lhes as belíssimas páginas de consolação e esclarecimento que originou este opúsculo, organizado por Cezar Carneiro de Souza, dando sequência à coleção de bolso já com dois volumes, compulsados das obras DEUS CONOSCO e MILITARES NO ALÉM, também sob a organização de Wanda Joviano, intituladas, respectivamente, ILUMINURAS e MILITARES COM JESUS.

À medida que o leitor descortinar os encantadores trechos das mensagens de Neio Lúcio perceberá, com prazer, que as notícias da Espiritualidade Maior foram vertidas de Mais Alto para seu próprio desenvolvimento, enfeixando importantes INSTRUÇÕES PARA A VIDA com Jesus, e para Jesus, as quais, qual tesouro, vale sempre ter ao alcance das mãos e do coração.

Geraldo Lemos Neto
Belo Horizonte, 2 de abril de 2018
– Adaptado da apresentação do livro
Sementeira de luz, de 2 de abril de 2015 –

Dedicatória

A *Arthur Joviano*
(Neio Lúcio),
nosso preito de eterno
amor e gratidão.

umário

presentação

INSTRUÇÕES PARA A VIDA é um livro composto de frases e textos compulsados da obra SEMENTEIRA DE LUZ, organizada em 2006 por Wanda Amorim Joviano, com mensagens psicografadas pelo médium Francisco Cândido Xavier do venerando espírito Neio Lúcio, nas décadas de 30 e 40, recebidas no culto no lar do Dr. Rômulo Joviano, na Fazenda Modelo, em Pedro Leopoldo, Minas Gerais.

São belas lições do benfeitor da Vida Maior, que propiciam o nosso encontro com o divino amigo Jesus para a conquista da luz e da paz em favor de nossos espíritos rumo às moradas sublimes.

Cezar Carneiro de Souza
Organizador

Os títulos das mensagens deste livro são de autoria do organizador.

1 | APÓS A MORTE

Há também um trabalho além--túmulo para a reorganização das células do nosso corpo espiritual.

2 | NAS CONTRARIEDADES

As tuas contrariedades e dissabores não têm sido poucos, mas tudo passará como a rajada de vento. Deus ajudará os teus bons propósitos.

3 | SAÚDE

Para o bem de tua saúde, nunca percas a calma.

4 | A CÉSAR O QUE É DE CÉSAR

ão esperes do mundo o que o mundo não tem para dar à consciência que se desvela pela solução dos problemas graves da vida. (...) Vida terrestre significa trabalho e, muitas vezes, mortificação.

5 | NO LAR

Quando o mundo te parecer sombrio e triste, lembra-te da mão carinhosa que está unida com as tuas. Recorda-te que esse coração unido ao teu, pelos mais santos laços da vida e da eternidade, vale mais que todas as pérolas reunidas. Esse grande afeto que une duas almas deve ser para nós, todos os dias, o primeiro raio de sol. Ele vale mais que todos os impérios do mundo reunidos. Recorda-te sempre dessas coisas e não te entregues muito às preocupações materiais.

6 | DEFESA

condição de espírita não lhe priva, meu filho, de fazer a sua defesa sempre que for necessário. O que se torna preciso é saber aliar energia com serenidade. Nesse particular, viva sempre com a sua própria consciência.

7 | LIVRE-ARBÍTRIO

Nós nunca poderemos eliminar o livre-arbítrio, mesmo daqueles que nos são mais caros ao coração. As mais elementares noções de psicologia nos demonstram que os patrimônios do espírito são sempre a conquista da personalidade e não podemos derrogar essas leis.

8 | ANJO DA GUARDA

Sempre que posso ajudo-te a corrigir as provas e lições sem que o saibas, livrando-te das más companhias no colégio. Deves saber escolher as tuas companheiras, mas sê bondosa e delicada para com todas as colegas.

9 | NA ESCOLA

Procura ouvir a palavra dos professores e não dês atenção a palestras ociosas das meninas pouco dadas ao estudo e ao trabalho. Ocupa o teu tempo em coisas dignas dos teus cuidados, enriquecendo o teu cérebro e o teu coração. Ouve sempre com a melhor boa vontade os conselhos de tua mãe.

10 | APREENSÕES

A cada dia bastam os seus trabalhos e não é lícito mortificarmos o mundo interior com apreensões severas e amargas. Jesus não é só a nossa providência, mas também a providência perfeita que nos conhece as necessidades mais íntimas, auxiliando-nos sempre com o seu infinito amor.

11 | O TEMPO

O tempo passa modificando todas as coisas e se ele transforma a fisionomia das criaturas e renova a face das coisas, a morte o acompanha, transformando os cenários onde se desenvolvem as nossas atividades mundanas.

12 | AUXÍLIO ESPIRITUAL

uarde o seu pensamento de angustiosas ou demasiadas expectativas. Melhor que tudo fala a sua consciência no dever cumprido no trabalho que compete a você realizar. Não pense estar só, porquanto nos menores departamentos da atividade humana existem os fatores espirituais orientando e auxiliando os que pugnam pela boa direção desses mesmos esforços.

13 | AUXILIARES INVISÍVEIS

No que se refere ao seu trabalho no estabelecimento que você dirige, com a preocupação honesta de corresponder ao elevado alcance de suas finalidades, tem igualmente as suas mãos e o seu cérebro auxiliares invisíveis, harmonizando assuntos, aplainando dificuldades, facilitando soluções encorajadoras. Confiemos em Deus e lutemos pelo melhor êxito no trabalho.

14 | DITOSO PATRIMÔNIO

Tudo passou graças ao Criador, que, na Sua silenciosa lição, de inesgotável misericórdia, nos ensina a ver no tempo o nosso ditoso patrimônio.

15 | A VERDADEIRA VENTURA

A maioria das criaturas procura a tranquilidade e o ideal onde não se encontram. A verdadeira ventura está na tolerância mútua, na aliança poderosa de duas almas que se completam para o bom combate.

16 | GRUPOS FAMILIARES

os grupos familiares, meu filho, existem aqueles que precisam
personificar a energia e o equilíbrio
para os demais. (...) Não pode você
se agastar sem ameaças à tranquilidade geral, porquanto mantém o
seu espírito esse princípio de auto-
ridade e de serenidade necessárias.

17 | DEUS NUNCA TARDA

Deus Se nos manifesta através da santa lição da experiência, e Deus nunca tarda. (…) toda lição é necessária e certas lições duram o espaço de uma vida.

18 | SOMENTE AS MÃES

omente as mães são as sentinelas sagradas que conhecem com antecedência as tempestades no mar alto. A vida terrestre é essa travessia penosa pelo oceano encapelado de provas e expiações. Há necessidade de cuidarmos do barco em tão exaustiva viagem, inçada de perigos e preocupações.

19 | INTERCÂMBIO

Quanto possa, não deixe adiar a hora de convívio com as forças regeneradoras do mundo espiritual. Isso nos faz grande bem.

20 | O DEVER CONTINUA

Um pai deve continuar o seu esforço sagrado além das próprias circunstâncias da morte e é por essa razão que não descanso em os observando na luta. Luta, aliás, sumamente agradável ao meu íntimo cheio de saudade e de afeição.

21 | O LIVRO "ALVORADA CRISTÃ"

Não abandonei a minha ideia de escrever algo para as crianças na minha nova vida.[1] Deus me concederá essa alegria nos futuros dias que hão de vir. Se falei à infância desenvolvendo-lhe o raciocínio, sinto-me no dever de falar-lhe um pouco ao coração.

---

[1] Segundo livro da lavra de Neio Lúcio pela mediunidade de Chico Xavier, lançado pela Federação Espírita Brasileira (FEB) em 1949.

22 | PAIXÕES

Precisamos observar que o incêndio das paixões é o mais devastador. O pretérito dorme em cada um de nós com energias ameaçadoras e imperiosas. O mais necessário é conhecimento espiritual, a fim de conseguirmos controlar o nosso mundo interior, sabendo o que desejamos em benefício de nossa própria edificação.

23 | A EXISTÊNCIA TERRESTRE

A existência terrestre é também uma viagem, com certas estações de parada ou de repouso. De vez em quando encontram-se os corações afins no meio dos caminhos, mas as provas, as lutas, as circunstâncias, os imperativos familiares são o roteiro sagrado de cada um e temos de atender aos labores de purificação enquanto perdura a nossa romagem por essas estradas, longas e ásperas.

24 | FAMÍLIA

Vocês têm deveres muito sagrados e precisam se unir, cada vez mais, para a sua observação e para o seu pleno cumprimento na vida. Guardem as suas normas e as suas decisões no melhor sentimento de fraternidade e de paz, e busquem andar constantemente nessas linhas. O instituto da família tem os cadinhos purificadores e essas lutas íntimas temperam melhor a vontade de realizar o bem e de construir a compreensão perfeita entre todos.

25 | CONSELHOS DE AVÔ

Um ano é mais um marco na grande estrada da existência. São elas, as etapas de trabalho, que hoje significam estudos e alegrias do lar para vocês. Dia virá, porém, meus filhinhos, que esses trabalhos serão mais intensos, no conjunto das experiências do mundo. Para isso é indispensável, antes de tudo, armazenar no espírito a perfeita confiança em Deus.

26 | CRESCIMENTO

Aí ou aqui encontraremos lutas. Em toda parte vive a oportunidade santa de crescermos em conhecimento para Deus, Pai de todos nós. Aprendam, desde já, como vêm fazendo desde muito, a ciência do bem, do grande bem que transforma todas as dificuldades do caminho em luzes para o espírito.

27 | REFLEXÃO

Que todas as noites, em se recolhendo, inquiram a si mesmos, no silêncio do coração amigo e terno: "Que bem fiz eu hoje? Terei levado ao coração dos pais a dádiva do afeto que eles esperavam? Que devo renovar no meu íntimo para me elevar aos olhos de Deus? Terei praticado todas as boas ações que se encontravam ao meu alcance?" Nessa hora, filhinhos, eu estarei perto de vocês para auxiliá-los a refletir.

28 | AS DIFICULDADES

luta terrestre, com as suas diticuldades, oculta imensos benefícios. (...) uma contrariedade pode ser portadora de muitos bens, que não chegamos a analisar, devidamente, na primeira hora.

29 | A BÊNÇÃO DO LAR

Não se deixe vencer pelas perspectivas de dificuldades. O lar tem suas tarefas sagradas e essas tarefas deixariam de ser proveitosas e abundantes em luz, amor e sabedoria se tudo se caracterizasse por uma facilidade muito grande.

30 | O MAIOR BEM DO MUNDO

Há incompreensão ao longo do caminho? As contrariedades nos visitam o coração? Isso é natural. Caminhemos sempre, conscientes do nosso dever cumprido. O lar não é um acidente nas estradas da vida sobre a Terra. Ele constitui uma conquista suprema, podemos afirmar assim, porque de todos os bens do mundo o lar é o maior de todos, ainda que em seu seio haja lutas e provações, porquanto essas experiências são o prelúdio de um bem sempre maior.

31 | NATAL E ANO BOM

Vocês se uniram no mundo terrestre entre o Natal e o Ano Bom. Hão de viver sempre em festas perenes. Ficarão para sempre entre Jesus e a esperança, porque o Natal é a lembrança do Salvador e o Ano Bom é a esperança renovada. Continuem, como sempre, dedicados ao bem, operosos na fé, sentinelas leais da sinceridade.

32 | NO RUMO CERTO

Na oficina de lutas da vida, quase sempre é assim para a alma em aprendizado. Somente após uma experiência desagradável há disposição bastante para a segurança no rumo certo.

33 | AMOR AO TRABALHO

Os trabalhos aí no mundo, por vezes, vão operando uma certa estratificação de dissabores e é indispensável que novas razões de amá-los se estabeleçam em nosso íntimo.

34 | A GRANDE FORTUNA

A nossa grande fortuna, a que não perece, e cujos valores intrínsecos são inalienáveis, é essa da fé e do conhecimento espiritual com base nos santificados laços espirituais.

35 | NO PLANO FÍSICO

O homem que passa despreo-
cupadamente no caminho comum
não vê a flor que lhe enfeita a passagem, o vento que atenua os rigo-
res do sol, a árvore frondosa que
estende a sombra amiga. Tudo isso
é um detalhe da habitação terrestre
que lhe foi concedida pela magnanimidade do Todo-Poderoso, mas aí
no mundo nossas almas costumam
dormir o sono pernicioso da indife-
rença para com as bênçãos divinas.
Nossos caprichos individuais são,

invariavelmente, o centro de nossas cogitações e não sentimos a escola bendita que nos proporciona luz e pão.

36 | NO PLANO EXTRAFÍSICO

Aqui, entretanto, o cenário se modifica. É a vida real que se nos revela com a sua grandeza inimitável! A misericórdia de Deus torna-se algo palpável, impressionando-nos os sentimentos mais profundos.

37 | OS QUE REALIZAM E OS QUE CRITICAM

Os companheiros da estrada estão sempre prontos a examinar, mas nem sempre dispostos às realizações. A situação na Terra ainda por muito tempo será invariavelmente essa e os discípulos sinceros do trabalho com Jesus terão de padecer as dificuldades numerosas do caminho. Ainda aqui deveríamos lembrar a palavra do Cristo aos fariseus que o interpelavam: "Por qual de minhas boas obras me apedrejais?"

38 | TRABALHOS NOBRES

Calma digna, serenidade inquebrantável, sinceridade plena e disposição fraterna. Esses quatro fatores são muito importantes para a execução de trabalhos nobres da vida.

39 | AS TEMPESTADES

s tempestades passam. Depois delas há sempre uma experiência generosa a ser aproveitada. Tudo na vida, meu filho, tem substância para o patrimônio do espírito. Avança com a sua sincera boa vontade e aprenderá, continuadamente, os melhores ensinos no livro aberto das almas.

40 | O OPERÁRIO LEAL

O cenário de quem deseja trabalhar sinceramente no mundo é quase sempre este: sacrifícios, incompreensões, pesares e dissabores inúmeros na pauta dos hábitos humanos. E isso se verifica porque o operário leal tem contra ele a volumosa bagagem do mal, que tudo faz por permanecer. E nós sabemos que seguir a norma comum é sempre fácil, entretanto tudo é difícil para quem deseja modificar a cartilha geral.

41 | EXCLUSIVISMO

Na esfera dos órgãos diretores, encontram-se os que não desejam ser incomodados, nem ultrapassados em qualquer ponto de vista particular. E no centro dos que são dirigidos há sempre os que estão invariavelmente prontos para o gozo dos benefícios, mas pouco dispostos ao esforço real pela sua aquisição.

42 | O EXEMPLO DO CRISTO

É preciso lembrar o Cristo, que numa administração muito superior, e em nada comparável a qualquer esforço terrestre, sentiu tudo isso – e ainda como único prêmio do mundo teve a cruz do martírio.

43 | A SABEDORIA DIVINA

A Sabedoria Divina tudo dispôs com êxito e profunda harmonia. O caminho de alguém que muito estude e muito se aplique dá ideia da magnanimidade do Criador.

44 | DOAÇÃO

A Sabedoria Divina nos ensina que somente devemos dar a alguém aquilo que lhe seja útil.

45 | O AMOR

No organismo humano, o sangue é a força vital em circulação da vida. Na Terra, a água é o elemento que faz a ressurreição de todas as energias, em movimento incessante. No Infinito, é o amor a doce e eterna luz em circulação no ilimitado da existência.

46 | UNIÃO

Todos somos de Deus e guardamos a cariciosa certeza de que o sol do amor divino saberá impulsionar o toque de reunir no momento oportuno.

47 | O CAMINHO DO ESPÍRITO

O tempo, numa escola como a Terra, deve ser valorizado em sua justa expressão por todas as formas suscetíveis de intensificar o nosso progresso. Dentro dessa concepção, o passado e o futuro quase passam a não existir, porque são as margens de um só caminho e esse caminho é o presente do espírito.

48 | CONHECIMENTO

A preocupação de conhecimento é uma tarefa santificada e alegre, e a insaciabilidade do espírito na absorção do que vem do Alto é uma sede bendita, porque vem dos planos mais elevados da vida.

49 | CURSOS

As vidas se unem umas às outras como os elos de uma corrente prodigiosa. Os dias se sucedem. As existências são cursos de especialização e de elevação dos sentimentos mais nobres. É o sagrado crisol das virtudes que temos de adquirir ao preço de profundos esforços.

50 | A PROTEÇÃO DE DEUS

Nenhum esforço sincero no mundo está abandonado por Deus. A tarefa mais obscura, na intenção generosa do amor e do bem, encontra-se interpenetrada pelas Suas influências amorosas de pai justo e bom.

51 | NA TAREFA

Com o amparo de Deus, havemos de vencer! Guardem a certeza de que estamos sempre juntos e a nossa tarefa nunca será pesada.

52 | O BEM E O MAL

Das grades de uma prisão ou das janelas de uma escola, dois prisioneiros ou dois discípulos estão no mesmo gesto de contemplação: um olha desajeitado para a lama do exterior, o outro, entretanto, contempla as estrelas do céu e encontra a beleza da vida.

53 | O MAU DISCÍPULO

discípulo que fixa o olhar no solo encharcado estará sempre disposto a tarefas difíceis com a lama dos caminhos. Seus desagradáveis respingos lhe podem manchar a roupa, isto é, os sentimentos restritamente terrestres, como o ciúme, a discórdia, a dúvida enfermiça, o desalento podem perturbar sempre essa alma que não descobriu as perspectivas do Infinito.

54 | O BOM DISCÍPULO

Aquele aprendiz que guardou no céu as esperanças do seu humilde olhar é também contemplado pelos céus e as suas oportunidades se multiplicam pelo alto valor que a vida adquire em sua larga e elevada concepção espiritual.

55 | CONFIANÇA EM DEUS

A criatura deve fazer tudo o que está ao alcance de suas mãos, mas com a sabedoria de entregar a Deus o resto que ficou por fazer. Essa é uma bela operação de nossos espíritos em cada dia de trabalho. Se Deus nos achar dignos, voltaremos à mesma oportunidade no dia imediato e a nossa construção, nesse ou naquele setor, será filha de Sua sublime vontade.

56 | OS QUE SE AMAM

Os que se amam dispensam as expressões articuladas do mundo. Entendemo-nos pelo coração. (…) O silêncio com o amor tem uma voz mais poderosa que todas as possibilidades de som da natureza terrestre.

57 | APROVEITAR O TEMPO

Aproveite o tempo e renove, de vez em quando, seus conhecimentos, recordando as lições do ano findo e preparando-se para o que se aproxima.

58 | ALMA VENTUROSA

m ano representa uma estação de grandes possibilidades para o espírito que se revestiu de vestimenta terrestre. O tempo passa, os dias seguem seu curso, mas venturosa é a alma que guardou o bem, que o praticou, conservando-lhe os princípios sagrados.

59 | DONS E OPORTUNIDADES

O s períodos anuais são essas cadeias de interesse sagrado. Se a criatura abusa dos dons e oportunidades recebidos, destrói as possibilidades de equilíbrio e de união, mas toda vez em que regressamos ao bem recompomos o caminho, removemos obstáculos para que tudo se erga sobre a harmonia geral.

60 | CONSTRUÇÃO COM JESUS

De vez em quando, surgem barreiras. É alguém que procura entravar a marcha, é a situação de uma força imprevista, é o ataque gratuito, a incompreensão dos mais queridos, mas o nosso propósito de construção com Jesus está de pé.

61 | A META

Ainda não temos a desejada fidelidade ao Cristo, mas já não é pouco examinarmos em consciência sadia os nossos desejos, marchando serenamente para a meta a atingir.

62 | ATITUDE ENÉRGICA

Na rotina de um trabalho terrestre, a energia é indispensável. Não se pode remover pedras tão-só com a invocação de palavras doces. É necessário o esforço, muito grande dose de esforço.

63 | HARMONIA

Não se perturbe com as dificuldades, que são naturais. Não é fácil encontrar no mundo o elemento de harmonização entre as nossas ideias. Se tal ajustamento não é comum nos laços de sangue, que dizermos de um instituto de experiências, onde os elos do passado reúnem companheiros com as tendências mais heterogêneas?

64 | SEMPRE ADIANTE

Paralisar o nosso esforço não é mais razoável. É necessário passar adiante, na busca das conquistas espirituais com Deus.

65 | CONJUNTO

Jesus é o salvador do mundo, mas em todas as obras ninguém poderá estar só. Está nas Escrituras, desde o princípio, que ao homem não era conveniente estar sozinho. No bem ou no mal, existem os pactos das almas. No primeiro, persevera a cadeia divina da luz eterna; no segundo, vibram as algemas das sombras transitórias e perecíveis.

66 | LUTAS SECULARES

Nós somos entidades que, de algum modo, trabalhamos por sair triunfantes de seculares compromissos, muitas vezes misturados de sombra, até que, com a derradeira vitória, possamos participar do esforço divino.

67 | SACRIFÍCIOS

O valor do sacrifício é cheio de expressões imortais. Ele sela o caminho com luzes que jamais se apagam.

68 | O LAR

O lar é o cadinho sagrado em que todo metal inferior se transmuda em ouro puro de Deus.

69 | OS ANIMAIS

Em tudo há um mecanismo de amor que Deus abençoa. Os animais não estão esquecidos. Amá-los é preparar o coração para sentimentos ainda maiores!

70 | A PRECE

Nossa prece é um ponto de amor e de repouso. Sentimo-nos rejuvenescidos na fé, no círculo de suas profundas vibrações espirituais. A oração é sempre uma interrogação silenciosa das almas. Nem sempre é súplica. Na maioria das vezes, é o desejo ansioso de um ponto de apoio fora do mundo transitório e perecível.

71 | CONFIANÇA RECÍPROCA

Se os encarnados precisam guardar a fé em nosso concurso relativo, também nós necessitamos confiar na cooperação relativa dos entes queridos que se encontram ainda no mundo. Quando isso acontece, há grande alegria no ambiente espiritual.

72 | REGIME

Se todos os homens sãos co-
nhecessem, de fato, os bens da
saúde, nunca viveriam sem regime,
isto é, sem método.

73 | SERENIDADE E SAÚDE

problema da serenidade interior é tão profundo, tão importante à saúde, que sabemos aqui que mães numerosas envenenam seus filhinhos, involuntariamente, através do leite, quando se empolgam pelas contrariedades comuns, pelas disposições fluídicas antipáticas. Isso é uma questão de grande alcance para a patologia do futuro.

74 | OS PENSAMENTOS

Os pensamentos não são tão abstratos. Eles têm forma, têm vida e largos poderes de atração. No terreno das desconfianças de moléstia, é útil trazer o raciocínio como uma casa muito clara para que as sombras não penetrem. Quando a criatura dá acolhida à dúvida, nesse sentido, já andou metade do caminho para contrair o mal.

75 | CRENÇA

Não se dê ao gosto de examinar assuntos de religião com os companheiros que ainda não podem compreender os grandes problemas da vida.

76 | FUTILIDADES

uando se aproxime de sua tarefa algum amiguinho mais fútil, procure afastar-se com boas maneiras, entendendo que seu coração está procurando coisas sérias que formem seus conhecimentos no futuro.

77 | JUVENTUDE

Muitos jovens se perdem muito cedo, porque olvidam os bens divinos de seu lar, pelos encantos artificiais das companhias palradoras e repletas de novidades, mais viciosas que convenientes. Esse é um grande perigo, pois chega quando menos esperamos. Vêm num copo de refresco, numa anedota menos digna, num passeio simples, aparentemente sem significação.

78 | CUIDADO E VIGILÂNCIA

Nada existe sem significação no Universo e todo o bem, por mínimo que seja, pede cuidado e vigilância para manutenção e desenvolvimento. As paredes de um lar são o primeiro movimento de defesa da criatura para a conservação dos bens da saúde e da ordem.

79 | O BOM AMIGO

A Bíblia nos ensina que o bom amigo é um tesouro de Deus como luz para o caminho.

80 | BOAS PALAVRAS

As palavras nascidas da intenção sincera de aproveitar, sob a inspiração dos planos mais elevados, não podem ser excessivas ou desagradáveis. Com elas, fica sempre o perfume doce dos corações que se amam intensamente.

81 | OS AGUILHÕES

Os aguilhões mais enganosos do mundo são, justamente, os da morte. Nada desaparece a não ser o mal que, desde a primeira manifestação inicial, está condenado ao extermínio. Um gesto, uma ação têm sua trajetória no Universo como as vibrações de um corpo atirado à superfície das águas.

82 | CRITÉRIO

O bem será dilatado ao infinito com Deus e o mal terá a vida que lhe imprima o esforço inconsciente da criatura. Mas dentro desse critério, no capítulo das consequências, ambos possuem enorme poder – o primeiro como expressão divina e o segundo como característica humana.

83 | O LIVRO "PAULO E ESTÊVÃO"

Sinto-me bastante satisfeito por vocês haverem cooperado na transmissão desse grande estudo do apóstolo tarsense. Um dia hão de reconhecer que isso não é eventual, que tem seus profundos motivos de ser. Não sabemos como o trabalho será recebido pelos doutos em letras evangélicas, entretanto temos a convicção de que a maioria saberá interpretar a narrativa com o coração, porque se muitos têm escrito sobre um Paulo de Tarso bafejado pela graça, ou sobre

o intelectual que chegava dos grandes jogos de cultura do Judaísmo,
esse esforço de Emmanuel nos fala
do Paulo de Tarso humano e trans-
formado às luzes do Cristo.[1]

---

[1] Neio Lúcio comenta sobre a recepção do romance ditado por Emmanuel, publicado pela FEB em 1942.

84 | O MAGNETISMO DO CRISTO

Jesus é o centro. Imaginemos uma roda de proporções quase infinita a girar. Quanto mais vizinhança das extremidades maiores deslocamentos e atropelos, porém quanto menor é a distância do centro mais calma e segurança. Como sabemos, toda roda tem o seu ponto fixo inalterável, onde o repouso é seguro. Essa é a imagem mais adequada para nós outros do magnetismo central do Cristo, o símbolo do segredo divino da tranquilidade espiritual.

85 | INTERESSES DA ALMA ETERNA

Nossos amigos do mundo, em sua maioria, andam esquecidos de que há também um mercado de valores santos, uma feira divina, onde as aquisições têm o cunho luminoso da Eternidade. O dinheiro, porém, para semelhante movimentação de interesses da alma eterna, não traz a efígie de César, mas o sinal de Deus, esse sinal no coração puro e simples do caminho que se desdobra para a marcha ascensional e sem fim para a perfeição com Deus.

86 | MATERNIDADE

O espírito que contraiu a responsabilidade de ser mãe, por mais duras que lhes sejam as provas orgânicas, é chamado à plena consciência do fenômeno divino para que este não seja perturbado em seus trâmites.

87 | ASSISTÊNCIA ESPIRITUAL DO PLANETA

Não podemos nos esquecer de que, em todos os dias que passam, há servos gloriosos do Altíssimo velando com Jesus pelos destinos do orbe inteiro.

88 | A OBTENÇÃO DA CASA FAMILIAR

ão sabem vocês quanto lhes custou a paz de agora, isto é, por enquanto não lhes é possível conhecer todo o preço. Mas uma vista de olhos ao passado humano, sem particularização, e veremos as criaturas em estado semisselvagem, organizando as tabas indígenas... Depois vemos as choupanas, as lutas quase esmagadoras pela obtenção da casa familiar e, em seguida, os choques do coração, os atritos imensos, as dores, as separações pungentes, as amarguras angustiosas de existências dolorosas e rudes, e só nesse quadro geral vocês podem encontrar uma ideia do que lhes tem custado atingir esse lar espiritual da união das almas numa só vibração, em pleno caminho para Jesus Cristo.

89 | ETERNIDADE

Como vemos, meus filhos, o amor vence tudo: o tempo, a morte, as quedas e as desilusões para perseverar com a sua luz imortal sobre as nossas frontes.

90 | LEGITIMIDADE

A harmonia de relações entre o plano terrestre e o espiritual depende do encarnado desejar esse intercâmbio, como deve ser feito.

91 | JUSTIÇA E AMOR

A justiça poderá alegar sempre seus direitos e exigir as concessões que lhe são devidas, em qualquer parte do mundo, mas o amor tem o poder da transformação e da realização da vida no Universo.

92 | VALORES IMPERECÍVEIS

obstáculo, o padecimento, a luta, a tempestade e o trabalho áspero são valores imperecíveis para a vida eterna.

93 | PROVAS PURIFICADORAS

Na teia das provas purificadoras, as lutas são trovões passageiros que deslocam os ares, melhorando-os.

94 | SOFRIMENTO

O sofrimento sempre constituiu para minha alma um bálsamo reparador.

95 | CONQUISTAS

ontinuemos arquivando no coração a essência das coisas eternas e a nossa saúde espiritual permanecerá firme para todos os trabalhos e testemunhos com Jesus e por Jesus. Nossos padecimentos nem foram imerecidos, nem se verificaram em vão.

96 | COM DEUS

A atitude tranquila da perfeita confiança no Pai, com os nossos deveres cumpridos, é a bússola rumo ao porto da paz, por cuja conquista vimos sofrendo e caindo, há muitos anos.

97 | RECORDAR

Recordar é ler no livro das experiências vividas. E como para tudo no mundo existe ciência a de recordar apenas beneficia àqueles que hão adquirido mais vastos patrimônios da fé.

98 | AMOR E RESSENTIMENTO

O ressentimento une cada vez mais, porém o amor liberta sempre. O egoísmo prende, mas o sentimento fraternal renova as luzes na perfeita emancipação espiritual. Somos almas a aportar numa grande praia de repouso pela recíproca compreensão.

99 | O TIMONEIRO DIVINO

A nossa frente, desenham-se as linhas do continente imortal, que é o Evangelho aplicado. Antigamente, buscávamos enriquecer patrimônios em uma terra nova. Hoje, porém, estamos buscando a região sagrada, a "terra prometida" do espírito. Jesus é o timoneiro divino. Tenhamos o barco do coração perfeitamente equilibrado. Nem calmarias nos farão estacionar, nem borrascas nos perturbarão. A embarcação com a bússola da fé demanda os objetivos solidamente sobre as águas móveis.

100 | VALORES NOVOS

ão há calmaria mais penosa que o impulso de satisfação ao mundo, nem tempestade mais violenta que os grandes sofrimentos a desabarem sobre o coração. A nau é a existência, ou a experiência, que passa. As velas são as esperanças. As águas móveis simbolizam o mar das opiniões antagônicas e sentimentos contrários da terra em que vocês buscam os valores novos. Confiem o coração ao Timoneiro divino e somente assim poderemos chegar à terra maravilhosa pelo seu amor e pela sua luz, entre as claridades sublimes do Infinito.

101 | A VIDA

A vida significa aquisição com trabalho incessante. É preciso saber entesourar para os dias eternos. Há muita gente enganada no mundo, acreditando em fantasias da felicidade nas situações exteriores. As ruas estão cheias de máscaras. É indispensável o esforço para que sintamos a luz e a paz em nós mesmos.

102 | RACIOCÍNIO E SENTIMENTO

Não se deixem levar ao sabor das primeiras opiniões. Não é o entusiasmo com que as palavras são ditas que deve convencer quem as ouve, mas sim o seu conteúdo espiritual. O mundo está repleto de pessoas que falam com vigor, mas sem raciocínios do sentimento de elevação real.

103 | O SANTUÁRIO

lar é o santuário onde vocês devem comungar das coisas de Deus. Quem não se fortalece nessa fonte será sempre um sedento dos caminhos. Os campos férteis e dadivosos lhes parecerão doloroso deserto. (...) Os velhos marinheiros sempre sabem onde as borrascas são mais fortes, onde a correnteza oferece mais perigo.

104 | NA CONQUISTA DA PAZ

A paz celestial começa na Terra. Seria inútil aguardá-la de planos superiores, no ingresso dos quais ainda precisamos trabalhar muito. O sentimento e o raciocínio, o coração e o cérebro formam o vasto continente de "nós mesmos", onde é indispensável o esforço de arrotear, desbravar, semear, adubar e esperar com paciência.

105 | O CULTO CRISTÃO NO LAR

reio que vão ganhar ótimo "ordenado espiritual" com o culto doméstico. (…) O culto doméstico da Bíblia é das forças mais poderosas, primeiramente para o coração, em seguida para o lar. O comentário de semelhante leitura é como se fora o ato de compreensão da luz espiritual, de acordo com a posição de cada um. É verdadeira alimentação da alma, porque tal qual acontece na mesa comum não é bastante servir-se, é preciso servir-se bem, mantendo a saúde, com todos os requisitos necessários à nutrição sadia.

106 | O CULTO DOMÉSTICO

A leitura sagrada não pode ser uma ondulação de superfície. É indispensável penetrar os textos, alcançar-lhes o sentido essencial, de outro modo poderemos assistir a muitos espetáculos, mas nunca passaremos do banco estacionário dos assistentes. A lição divina é de ação e esta não virá sem a associação de sentimentos.

107 | O CULTO FAMILIAR

culto familiar é uma praia de sublime repouso e de santo alimento. O ensinamento sagrado transforma-se em companhia incessante, é luz de cada minuto a esclarecer os problemas obscuros da Terra e a revelar os caminhos necessários. Não podem vocês imaginar, por enquanto, a extensão total dos benefícios a serem extraídos desse manancial de claridades do Infinito. (...) Muitas criaturas se perdem nos desfiladeiros por falta da lanterna ou da lâmpada em que a lição do Cristo se constitui no azeite revigorador ou na energia de realização.

108 | REVELAÇÃO DIVINA

A entrosagem nos conhecimentos da revelação divina enche a nossa alma de possibilidades novas e quando somos compelidos a abandonar os envoltórios da Terra representam a riqueza real, o ouro bendito acumulado no coração à custa de grandes disciplinas e, por vezes, de penosos sacrifícios.

109 | QUESTÕES A SOLUCIONAR

Se não foi possível solucionar todas as questões num período secular, teremos outros séculos. Se aquela mesa não atendeu a todo o idealismo, outra ser-nos-á enviada e as noites sagradas do porvir nos encontrarão imantados no amor cada vez mais puro.

110 | AS DIFICULDADES

As dificuldades humanas passam sobre a Terra, muitas situações aparentemente sérias não passam de envoltórios inúteis. A única realidade é a de nosso espírito com os seus patrimônios duradouros.

111 | LUTAS DIÁRIAS

Se, às vezes, há grande suor e ameaça de lágrimas nos labores do dia, a noite é uma grande bênção, em que esperamos n'Aquele que tudo pode. Dessa maneira, estejamos satisfeitos e valorizemos as bênçãos.

112 | CONSELHOS DE CÉLIA LUCIUS

Ainda há espinhos em algumas plantas e é indispensável preservar flores e frutos já alcançados contra as aves daninhas que, por vezes, atacam o nosso esforço. Não esmoreçamos no labor. Conosco está Aquele que pode mais e devemos confiar em seu misericordioso poder. Levemos à nossa semeadura milenária o adubo da harmonia, do perdão, do esquecimento do mal! (...) Se for necessário, voltaremos mil vezes.

113 | CARÁTER

O curso das experiências, o contato mais direto com os problemas da vida acentuarão em seu espírito o estabelecimento de seu traço pessoal e isso se processará com a contribuição do tempo. O que é indispensável num homem é a base do caráter.

114 | ESFORÇO

Cada mês, em nossa estação terrestre, é um colar de preciosidades, que variam segundo os nossos próprios esforços.

115 | OS AVÓS

A tarefa dos avós é a de unir os júbilos paternos e maternos com as esperanças e alegrias filiais. E, acima de nós, sinto que estão os nossos amigos maiores sob as bênçãos generosas de Jesus, enlaçando cada vez mais as nossas almas, a fim de que nos abracemos harmoniosamente nos caminhos de Deus.

116 | AFEIÇÃO REAL

Terra, minha filha, tem muitas experiências sublimes, mas a afeição real da vida reside em plano superior. O que passa, entretanto, inacessível à maioria dos homens é relativamente fácil aos que possuem confiança no poder de Deus. A fé é a chave.

117 | BATEI

Batei e abrir-se-vos-á."[1] Não façamos ruído na solicitação à porta de Deus. Esforcemo-nos em silêncio, devagarinho, como permitam as nossas energias, e quando menos esperarmos teremos chegado ao "continente da luz que não se apaga".

---

[1] Mateus, 7: 7.

118 | O LAR — ESCOLA

santuário doméstico é o lugar divino de exame e apreciação. O lar é a escola acolhedora da "conferência" pelo coração que sente as realidades da vida.

119 | MAIS BENEFICIADOS

Grande porção de amigos nossos, de entidades sofredoras e necessitadas, comparece às sessões habituais e com a instalação do culto evangélico o número de beneficiados vai crescendo cada vez mais.

120 | O AMOR PREVALECE

Passa o tempo, as experiências se modificam, as circunstâncias vão revelando o lado oculto das criaturas. A verdade, cada dia, levanta novas dobras de seu infinito véu, mas o amor prevalece sempre no coração, dilatando-se à Eternidade e atravessando os abismos da morte.

121 | TUDO PASSA

Tudo passa em transformações para o que é útil à vida legítima e real do espírito.

122 | A PASSAGEM

A morte do corpo é fenômeno apenas, fenômeno que impressiona a retentiva apenas dos que ficam, porque o fato, em si, como transformação necessária, custa muito ainda a operar-se. Conheço hoje seres que não conseguiram a renovação nem mesmo com séculos.

123 | OS BENEFÍCIOS DA ÁGUA

Todas as noites água pura no aposento de dormir, porque através dela hão de receber muitos benefícios gerais.

124 | AS FALAS DO LAR

As falas do lar são músicas para a alma. As palestras íntimas, as conversações amigas ecoam docemente em nosso espírito quando visitamos a Terra. Eis por que me é tão grato, meus filhos, escutar os comentários construtivos que costumam fazer. As próprias observações relativamente a uma criança têm a sua beleza peculiar. Tudo é a vida, a rede de sonhos e esperanças que vamos tecendo sob as vistas de Deus.

125 | ADQUIRIR
DIREITOS DE FALAR

Quem coopera adquire direitos de falar da obra e, às vezes, os gestos mal interpretados por alguns são justamente os que solucionam problemas referentes à paz espiritual de todos.

126 | A ÚNICA FORÇA

A vida tem os seus movimentos incessantes, modifica as formas, renova as diretrizes. O tempo é o seu braço de ferro, inacessível a qualquer modificação no seu modo de agir. A única força que o tempo não desloca, e antes, aumenta sempre, é a do amor. Este, meus filhos, é o segredo de nossa paz.

127 | O AMOR E O TEMPO

amor é o grande e mara-
vilhoso segredo. Com ele, esperamos, trabalhamos e vencemos.
"Quantos anos gastareis?" – per-
guntaria um ignorante. Entretanto poderíamos reafirmar à nossa
imagem anterior que o tempo não
desgasta a energia amorosa, e que
o amor prescinde da contagem do
tempo. Para ele, o século é uma fi-
guração, como o milênio vem a ser
um minuto.

128 | NAS EXCURSÕES

As excursões são sempre educativas e proveitosas quando nos dispomos a observar as paisagens da esfera do espírito, mas a organização espiritual da casa do coração faz sempre falta e, frequentemente, volta-se a ela como quem experimenta enorme sede.

129 | SILÊNCIO

Silêncio, minha filha, e trabalho do silêncio significa serviço de Deus, porque se o homem fala, Deus cala. Tudo passará como as nuvens do céu!

130 | OBSTÁCULO E FACILIDADE

No obstáculo, o esforço do homem é mais belo e nas facilidades sem significação a alma adormece muito longe de seus objetivos divinos. Quando aparecem as lutas inevitáveis, há sempre bons amigos ao seu lado, ajudando-o a vencer.

131 | A CARIDADE

aridade não é palavra que designa estados de beneficência social, nem sempre orientada a fins justos, mas significa muito mais proteção e esforço do bem para com os necessitados, onde as terras, as plantas e os animais se acham incluídos.

132 | O SOLO E OS ANIMAIS

O solo tem problemas educativos tão importantes quanto aqueles que se indicam para os planos mentais da criatura! E uma família de animais pode não assinalar raciocínios, nem alinhavar considerações de ordem humana, porém é digna do mesmo respeito e proteção devidos às obras e seres da Criação Divina. Por muito tempo ainda a coletividade terrestre se inclinará para o solo ou para os grupos de irracionais com a noção de comercialismo, entretanto, entre

essas massas, já se vai providen-
ciando, sob a inspiração de Deus,
quanto ao aprimoramento de um e
amparo aos outros.

133 | AMIGO

inimigo nos ataca fatalmente pelos sentidos, quais os conhecemos por aí. A audição, sobremaneira, é sempre uma porta larga a dar acesso aos elementos mais contraditórios e estranhos! Estejamos, pois, em guarda. Quando alguém nos incline a esquecer esse patrimônio sagrado, não pode ser nosso amigo.

134 | REUNIÃO SUBLIME

Assisti, meus filhos, a uma sublime reunião, onde se lembrou a difusão do livro dedicado às memórias de Paulo e Estêvão. Não tenho palavras com que exprimir o que foi essa assembleia de luzes da Espiritualidade! Pela primeira vez, vi, não de muito perto, o grande apóstolo da gentilidade! Sua grandeza espiritual é grande em demasia para ser descrita por meu verbo tão pobre!

135 | ESTÊVÃO

Cale-se, pois, o meu racio-cínio para que me expresse com o coração, no silêncio divino do espírito. Estêvão não veio à assembleia divina, mas hoje vou compreendendo que todos esses vultos, cheios de imortalidade e de glória, continuam no mesmo serviço de redenção humana, interessados pelo serviço de Jesus e consagrados a ele tão intensamente quanto se verificou nos primeiros dias de seu fervoroso labor sobre a Terra.[1]

---

[1] Em referindo-se a Estêvão, personagem do romance de Emmanuel psicografado por Chico Xavier (FEB, 1942 - Cap. VII | Parte 1).

136 | O GRUPO DO CHICO

Sei que a reunião enviou ao grupo de vocês um pensamento de amor. Isso significa uma alegria grandiosa demais, que não posso, nem devo comentar! Que Deus lhes conceda sempre a Sua confiança divina e que a Sua luz os abençoe.

137 | O TRABALHO

O espírito de trabalho fornece tônicos desconhecidos do mundo aos que se consagram ao serviço do bem, seja onde for. Muita gente se queixa ou se converte em pântanos de desânimo, porque não sabe descobrir as possibilidades sublimes e latentes no plano do dever justo e quando esse dever encontra execução adequada ele é portador de novas mensagens, sugestões e alvitres ao coração.

138 | MAIS TRABALHO

Belo é o campo do trabalho, e tão maravilhoso que sua grandeza não se revela imediatamente a todos. A preguiça, o desalento, a desesperança não encontram cominhos de acesso.

139 | O OTIMISMO

otimismo, meu filho, é vinho reconfortante do coração em toda ocorrência da luta humana.

140 | SÓ O BEM PERMANECE

á inúmeros soldados nos movimentos do mal, entretanto todos se destinam à transformação em instante oportuno, porque só o bem permanece nos círculos de seleção justa da vida. Isso verifica-se nos mais simples processos vitais até as grandes realizações cósmicas, inapreensíveis à nossa reduzida compreensão.

141 | NÃO TEMAS

Lembro as palavras de Cristo: "Não temas". Sigamos com a nossa boa vontade de servir e esqueçamos a peçonha que rasteja no mundo. A peçonha sempre atacou indistintamente. Afastemo-nos no caminho de nossas intenções elevadas e recordemos que cadáveres requisitam pás de cal. Quanto ao mais nunca olvidemos a fonte de bênçãos. Esse manancial flui com abundância para todas as criaturas.

142 | CONFIANÇA EM DEUS

Os ventos empestados podem concentrar a desordem em determinadas regiões do caminho, porém sempre virá uma tormenta que recompõe e purifica. Assim me refiro para aludir que o otimismo e a confiança em Deus devem ser defendidos quais tesouros inapreciáveis.

143 | O CUIDADO PATERNO

O cuidado paterno, meus filhos, não se extingue no coração. Parece alguma coisa de Deus em nós, algo que nos desperta, levanta, conforta e anima. É modalidade do amor, construindo permanente incentivo ao espírito, em demanda do Infinito.

144 | EDIFICAÇÃO ESPIRITUAL

A nossa edificação espiritual continua sempre. As estações de chegada e partida se alternam, o desprendimento do corpo nos obriga a traçar programas novos, no entanto a essencialidade é a mesma, a vida é a mesma, os objetivos não são diferentes! Um dia cantaremos juntos, sob a árvore da Eternidade, o hino da redenção e das alegrias imortais.

145 | A GLÓRIA DA UNIÃO

Não chegamos ainda às últimas praias, às supremas regiões dos vencedores, mas a glória da união começa e sentimo-nos mais fortes. É pena, e lastimo bastante, sem qualquer pretensão, que todos os amados não possam partilhar nossa divina esperança no dia de hoje. Isso, porém, é fenômeno passageiro.

146 | A VENTURA INTEGRAL

O trabalho é agora e nós temos as suas bênçãos. A ventura integral é para amanhã, como a desventura ficou no dia de ontem. O passado para os erros, o presente para nós, o futuro para nós todos. Essa ideia consola e edifica-nos (...).

147 | COLABORADORES

Há muito poucos colaboradores do serviço interessados em contribuir e servir. O movimento mais forte é de oferta e procura. É melhor caminhar sozinho, ou quase sozinho, mas sem ilusões.

148 | ESCOLA, TEMPLO E OFICINA

O lar é escola, templo e oficina, simultaneamente. Assim, pois, celebrem aí o aprendizado, a união e o trabalho, e serão felizes. (…) Com Jesus, porém, meus filhos, tudo é horizonte ilimitado. Tenhamos fé e otimismo. Precisamos chegar à "terra da redenção" e lá chegaremos.

149 | A IMPORTÂNCIA DA FÉ

Quantas lutas atormentam corações mundo afora? Quantas lágrimas se represam nos olhos de quantos perderam o dom de entender o céu? Ah! É preciso desdobrar-se na vida espiritual, a fim de compreender isso. Mas os que souberem guardar a fé, meus filhos, serão salvos por si mesmos, porque atingiram a montanha da certeza bendita em Jesus.

150 | O LAR CRISTÃO

Nesta hora de guerra sangrenta do mundo, o lar cristão é uma bênção materializada. Rendamos graças a Deus pelas dádivas que nos conferiu e que vocês saibam aproveitá-las no esforço diário das experiências humanas.

151 | TUDO

Cada noite lava as preocupações de cada dia. (…) Tudo tem seu proveito, sua fase útil, sua luz. Bastará descobrirmos o lado bom e a marcha diária representará, invariavelmente, a jornada para Deus.

152 | PALAVRAS

Às vezes, as palavras costumam complicar em vez de ajudar. A semente germina sem ruído, na sombra, no silêncio.

153 | NAS REUNIÕES DE ESTUDO

Tenho comparecido a todas as reuniões das terças-feiras e o estudo que vão efetuando oferece ampla repercussão em nosso meio. As ilações são ventiladas aqui com justificado interesse. Cada versículo que vocês examinam é luz nova que se intensifica de nosso lado, com potência mais profunda.

154 | MEDIUNIDADE

Muita gente julga que desenvolvimento espiritual representa desenvolvimento mediúnico, psíquico. Não é isso. Semelhantes expressões, às vezes, chegam a ser prejudiciais no mecanismo da gradação evolutiva. Desenvolvimento espiritual é compreensão da vida, no desdobrar de todas as lições, desde as grandiosas até as pequeninas. Quando a criatura consegue a menor fase dessa realização, o espírito de serviço é o seu guia e conselheiro permanente.

155 | O QUE NOS PERTENCE

Na Terra, só possuímos de exclusivamente nosso a alma, e o mais constitui patrimônio de oportunidades que a Providência Divina nos concedeu em confiança para nosso uso e utilidade, e para uso e utilidade do próximo, quando esse próximo está em condições de receber alguma coisa desse patrimônio, do qual não passamos de usufrutuário.

156 | O EVANGELHO

Evangelho, pois, é uma luz eterna e sublime. Antigamente, suas lições soavam-nos ao ouvido como acervo de palavras avelhantadas, sem curso na linguagem moderna do mundo. Entretanto faça-se algum pequenino raio de desenvolvimento espiritual em nós e as suas lições surgem como cachoeiras prodigiosas de rios ocultos, qual acontece à notável corrente oriental, cujo leito visível é um lençol imenso de areia. (...) basta que alguém cave levemente para que a água abundante surja cristalina e fresca do leito invisível.

157 | ESPOSO E PAI

As tarefas de esposo e pai são, porém, sacratíssimas e reconheço que ao seu contato vai se beneficiando para edificações espirituais mais sólidas.

158 | O REMÉDIO

O melhor remédio é aquele que prevê com tempo e a tempo de restabelecer forças indispensáveis.

159 | SOCORRO ESPIRITUAL

Não esqueçam a água fluida e, à noite, consagrem alguns minutos para a recepção de passes espirituais. Basta que se concentrem na ideia de recebê-los em se deitando, por alguns minutos – 5 a 10, no máximo. Esse exercício é excelente para socorro à organização espiritual.

160 | SERVIÇOS REDENTORES

Tenhamos confiança em Deus e sigamos. A estrada não é muito fácil e, às vezes, nem sempre agradável. O coração tem lutas, o cérebro, preocupações. Contudo é preciso não esquecer que estamos experimentando. Vida definitiva é vitória definida no mapa de serviços redentores. Estamos nesse abençoado trabalho de unir, reunir e santificar. Essa certeza alegra o coração!

161 | SINTONIA

Não é preciso o concurso mediúnico de maneira formal ou exclusiva para que manifestemos a nossa influenciação. Mentalmente, meus filhos, todos nós conversamos bastante e podem crer que na recordação solitária ou na palavra viva, na lembrança da vigília, como nos fenômenos do sonho, o nosso intercâmbio espiritual é muito maior que se possa imaginar.

162 | NA CASA DA PAZ

Na casa da paz, o inferno dos maus não pode dar notícias. E a nossa casa é o coração. Estejamos confortados e mesmo tranquilos.

163 | A CONQUISTA DO EQUILÍBRIO

É preciso não desanimar nunca. Ao cabo de muita luta, descobriremos equilíbrio para todas as coisas.

164 | PERÍODOS DIFÍCEIS

Terra atravessa período de profundas calamidades psíquicas. As batalhas, os atritos formidáveis são pequenas expressões do conflito invisível das forças do planeta. Só o amor pode proporcionar energias continuadas. (...) E o passe amigo com a oração é como específico amoroso do Céu.

165 | ENTENDIMENTO

Nos entendendo mutuamente formamos um edifício sublime, cheio de vida e luz na Espiritualidade, quando o fundamento desse edifício é o amor. É a casa da simpatia, das afinidades, das atrações.

166 | JÚBILO DE CADA DIA

ão nos desanimemos. O trabalho é nosso júbilo de cada dia, material ou espiritualmente falando. Às vezes, penso como será venturoso o dia de alcançarmos a compreensão e união perfeitas de todos. Não será, então, contentamento só o alimentar a esperança?

167 | COLHEITA FARTA

O lavrador sente especial satisfação junto de seu campo de esforço. Para outrem, as leiras da terra estarão ásperas, mal adubadas, escorregadias, entre espinhos e pedras. O lavrador, porém, não vê isso. Conversa ele com a semente, com o broto. Isso lhe dá forças novas. Sabe extrair tesouros da chuva, como sabe aproveitar o estio forte. É preciso ajudar a semente, protegê-la, amá-la, ampará-la. Que serão espinhos e pedras no dia dos frutos? Ninguém dá por eles à chegada da colheita farta.

168 | PENSAMENTO E SAÚDE

Mantenhamos no pensamento a certeza da assistência divina. A canalização dessas ideias leva a todas as regiões orgânicas as melhores notas de energia, porque, um dia, vocês verão conosco que pensamento também circula como sangue.

169 | ESCOLA DA VIDA

Nenhum de nós outros permanece ainda ausente do aprendizado. Divina escola esta, a da vida, onde cada dia nos traz ensinamento novo.

170 | ELEVAÇÃO DE IDEAL

Testemunhar é cada vez mais complexo, porque elevação de ideal ou de pensamento significa dilatação de campo. O homem, observando a paisagem da obscuridade do vale, fixará algumas necessidades do caminho ou da região, mas o que escalou a montanha vê mais longe.

171 | APEGO

Falem a um homem relativamente ao dinheiro, à honra pessoal, aos privilégios isolados, aos benefícios humanos, a favores e ele entenderá imediatamente. Se tangerem, porém, a tecla da profunda realidade de que permanecem na Terra de passagem e que vão se encontrar junto daqueles que o antecedem no túmulo e esse homem mostrará um sorriso de ironia ou incredulidade.

172 | A LÂMPADA

A lâmpada, depois de confeccionada, depois de convenientemente limpa, poderá receber a luz com proveito. Efetuada essa operação, estará brilhando e auxiliando a tudo e a todos, ainda que não saia do lugar que lhe seja próprio.

173 | DESCANSO

De Deus hão de chegar todos os recursos precisos. Trabalhemos, esperando o melhor.

174 | OS LIVROS

s livros são fontes de consulta, elementos de iluminação e aviso, patrimônios do saber que orienta os caminhos e lhes define os contornos.

175 | O LIVRO
MAIS IMPORTANTE

lar é o livro mais importante, porque se constitui de páginas da vida em si própria. É por ignorar essa verdade que a maioria dos homens se perde nos desfiladeiros da viciação. Desconhecendo os deveres próprios, são cegos que, de modo geral, poderão exibir muito intelectualismo, mas que não sabem ver a claridade legítima da estrada.

176 | O MELHOR TESOURO

livro deve ser o nosso melhor tesouro, em se tratando de patrimônios inspiracionais do mundo. Nele poderemos receber as mensagens mais nobres, se temos nosso coração inclinado ao bem, à luz, à verdade. É o recurso de que dispõem os irmãos mais velhos por transmitir suas experiências e lições aos mais novos. É ainda o canal das inteligências superiores e a zona de avisos e instruções do divino Mestre, que fala todos os dias às criaturas através de seus generosos mensageiros.

177 | AINDA SOBRE O LIVRO

Não falo aqui tão-somente do ponto de vista religioso, mas sim na paisagem de educação geral. Cada página que ensina utilidades construtivas ao espírito está integralmente unida à maquina de trabalhos de Jesus e com Jesus. (...) Homem sem livro é viajante sem roteiro certo.

178 | A PROTEÇÃO

Voltem o olhar ao ambiente doce da retaguarda, onde os pais oram por vocês e pensam constantemente em seu bem-estar. Essa atitude mental redundará em firmeza para os empreendimentos justos, renovar-lhes-á a visão espiritual e representará, sobremaneira, um escudo contra o assédio das ideias perniciosas, que costumam invadir o íntimo da criatura através do concurso de palestras malsãs e de companhias enganosas.

179 | RECAPITULAÇÕES

O serviço é assim mesmo – uma experiência viva, com a purificação do fogo e com a bênção de paz celeste para quem deseje executá-lo ponderando a vontade excelsa de Deus. Não se entristeça no quadro das pequeninas recapitulações, quer com as coisas, quer com os companheiros. Há um salário que transcende as tabelas da Terra. Este, meu filho, acompanha o homem de bem à sua casa real, que se localiza na vida eterna.

180 | NOS PROBLEMAS

Não espere entendimento imediato em nos referindo a mínimos problemas. Trabalhemos e passemos como quem sabe que o serviço é de Jesus e que estamos passando para nos integrarmos com o Senhor.

181 | PERANTE A MORTE

A morte orgânica modificou apenas a moldura da situação. No fundo, somos os mesmos, com as nossas lutas, aspirações, ideais e pensamento. Graças à Divina Providência, não cultivamos a treva do sepulcro e sim as claridades da vida eterna, com o amor que não pode morrer nunca.

182 | COM FÉ

A vida com a fé nunca experimentará o terror da separação. A morte nada significa para o amor que se iluminou ao sol da confiança em Deus.

183 | AS PREOCUPAÇÕES

Relativamente às preocupações de ordem moral, são elas as nossas companheiras de cada dia. Infelizes de nós se não as tivéssemos. Demonstram nossa possibilidade espiritual de ponderar responsabilidades e compromissos.

184 | DEUS NOS AJUDA

s preocupações também vieram ao nosso círculo para nos servir, mas nós não fomos criados para elas. Ainda aqui lembremos a lição de Jesus, referente ao dia de sábado. E estejamos satisfeitos e confiantes. A certeza de que Deus nos ajuda e que nos envia todas as coisas para o nosso bem é luz permanente em nossas almas.

185 | DEFESA JUSTA

Toda defesa justa traz o seu conteúdo de bem, ainda que a justiça humana seja tardia na visão fiel dos acontecimentos e das coisas. É interessante, porém, observar que seu idealismo mais forte não permanece na "Terra materializada", propriamente dita, mas sim na "Terra espiritual", que outros olhos não saberão ainda ver.

186 | AS SOMBRAS PASSAM

Não se deixe conduzir por pensamentos torturantes. Sei que seu coração me compreenderá e, por isso, lanço este apelo: preocupe-se, mas não sofra. Não é paradoxo. É uma lembrança de amor. Todas as sombras passam e as nuvens do céu são chuvas fecundantes para a terra. Estejamos contentes e otimistas!

187 | TRATAMENTO DE SAÚDE

Trate-se direitinho. Não dilacere a parte doente e tudo irá bem. Além da homeopatia, temos numerosos remédios por aqui, onde me encontro. (...) Tratamento de saúde é baseado no método e, por isso, se pode confiar no remédio, o remédio também pode confiar em você.

188 | ENTREGAR-SE À DOENÇA

Quem se entregue à doença naturalmente residirá com ela nos apartamentos do corpo. Mas quem lhe compreenda as funções educativas ou transformadoras sabe perfeitamente do seu caráter transitório e não lhe permite expansões na zona da alma.

189 | SAÚDE INTEGRAL

A eugenia, como ciência da perfeição física, deve estender-se ao espírito. Não esqueça o exercício mental de coragem interna, por mais adversas que sejam as circunstâncias. Se há ginásticas respiratórias, existem exercícios indispensáveis para o organismo mental da criatura.

190 | CONFIANÇA EM SI MESMO

Aprenda a separar o cascalho inútil nos filões auríferos do aprendizado útil. Atire fora com as pedras e guarde o metal precioso do amor e do bem, com a verdade da realização pessoal e com a boa confiança em você próprio. Aprender a trabalhar é aprender a confiar em si mesmo também.

191 | A MELHOR HERANÇA

A educação é a melhor herança que os pais transmitem aos filhos. Na mocidade, as energias do homem costumam bater-se em duelo dentro dele mesmo. Não acompanhe semelhantes movimentos e procure arquivar o que é justo.

192 | VIGIAR E ORAR

O espírito que vigia nos seus deveres e ora nos seus trabalhos descobrirá em todas as situações a notícia da esfera superior.

193 | A LUTA NA TERRA

Toda luta na Terra, quando vivida na confiança em Cristo, é véspera de redenção. (…) Reparemos a terra fertilizada e prossigamos na semeadura quanto seja possível. Acendamos luzes, conservando luzes.

194 | EFEITOS DA ORAÇÃO

Sinto prazer observando-lhes a boa disposição no "banho espiritual" da oração dentro do círculo doméstico. Creio, meus filhos, que não existe base mais forte de reabastecimento que esta. Um dia vocês reconhecerão comigo que a prece pode muito mais que qualquer arma terrestre... (...) Uma criatura que ora um minuto, quando centenas de semelhantes discutem acaloradamente, alcança no isolamento mental mais esclarecimento que todos eles.

195 | TENHA PACIÊNCIA

Tenha paciência, meu filho, e passa. Há ocasiões no mundo em que a incompreensão amarga muito na alma, entretanto que fazer senão entregar a Deus os detalhes que nos não foi possível atender?

196 | APRENDIZADO

As palavras que ferem são instrumentos de suplício apenas aos que as proferem quando os nossos ouvidos só recebem o que seja útil ao esforço de iluminação encetado.

197 | DEVER CUMPRIDO

A serenidade de dever cumprido é muita realização. Conserve-a e continue seu caminho, porque, por muito que amemos, não poderemos exonerar os entes queridos de certas cadeias por eles mesmos forjadas.

198 | ATITUDE SERENA

A atitude serena constitui sempre um espantalho aos que vivam perturbados. Contra a vaidade, a simplicidade. Contra o despeito, o amor construtivo em fraternidade legítima. Contra a má intenção, a gentileza de quem sabe ser útil.

199 | AS SOLUÇÕES JUSTAS

Tudo passa na Terra, menos a real colaboração com as soluções justas, que, por sua vez, sempre pertencem a Cristo e não a nós outros.

200 | PAZ INTERIOR

Use a nossa homeopatia e busque entregar a Deus qualquer preocupação mais forte. Guarde o seu salário de paz interior. Este é inacessível a todos os vermes da Terra e aos mais hábeis ladrões.

 **Referência bibliográfica**

XAVIER, Francisco Cândido; AMORIM, Wanda Joviano (Org.). *Sementeira de luz*. Ditado pelo espírito Neio Lúcio. 6. ed. Belo Horizonte: Vinha de Luz, 2018.

Bibliografia indicada
Por ordem de lançamento

XAVIER, Francisco Cândido; AMORIM, Wanda Joviano; LE-MOS NETO, Geraldo (Orgs.). *Deus conosco*. Ditado pelo espírito Emmanuel. 4. ed. Belo Horizonte: Vinha de Luz, 2014.

XAVIER, Francisco Cândido; Wanda Joviano (Org.). *Militares no além*. Ditado por espíritos diversos. 2. ed. Belo Horizonte: Vinha de Luz, 2009.

XAVIER, Francisco Cândido; MARQUES, Braz José (Org.). *Pérolas de sabedoria*. Ditado pelo espírito Neio Lúcio. Belo Horizonte: Vinha de Luz, 2014.

XAVIER, Francisco Cândido; SOUZA, Cezar Carneiro de (Org.). *Iluminuras*. Ditado pelo espírito Emmanuel. 2. ed. Belo Horizonte: Vinha de Luz, 2012.

XAVIER, Francisco Cândido; AMORIM, Wanda Joviano (Org.). *Sementeira de paz*. Ditado pelo espírito Neio Lúcio. 2. ed. Belo Horizonte: Vinha de Luz, 2015.

XAVIER, Francisco Cândido; AMORIM, Wanda Joviano (Org.). *Colheita do bem*. Ditado pelo espírito Neio Lúcio. 2. ed. Belo Horizonte: Vinha de Luz, 2018.

XAVIER, Francisco Cândido; AMORIM, Wanda Joviano; NETO, Geraldo Lemos (Orgs.). *Depois da travessia*. Ditado por espíritos diversos. Belo Horizonte: Vinha de Luz | Didier, 2013.

2019 —
O ÁPICE DA TRANSIÇÃO PLANETÁRIA

Marlene Nobre e Geraldo Lemos Neto reuniram nesse livro as predições de Jesus, os escritos de Allan Kardec e as revelações de Chico Xavier acerca da data-limite do Velho Mundo, advertindo sobre a manutenção da paz na Terra como condição essencial para os bons sucedâneos da atual transição planetária de mundo de expiações e de provas para mundo de regeneração. Como verdadeiro apóstolo do Cristo no planeta, Chico Xavier deixou um legado repleto de ensinamentos, induzindo-nos ao compromisso com a prática legítima do Evangelho de Jesus com a coletividade humana. Cada um de nós tem a liberdade de optar entre o bem e o mal, seguindo o melhor ou o pior caminho. Cabe a cada coração a alternativa da paz ou da guerra. Qual é a sua escolha?

MARLENE NOBRE E GERALDO LEMOS NETO

LEIA TAMBÉM

RÉSTIA DE LUZ

Primeiro livro editado pela Vinha de Luz Editora, lançado por ocasião do bicentenário de Allan Kardec (1804|2004) e dos 140 anos da primeira edição de *O Evangelho segundo o Espiritismo* (1864|2004). Traz mensagens recebidas de espíritos diversos, psicografadas pelo médium Geraldo Lemos Neto, que interpretam as lições de *O Evangelho segundo o Espiritismo*, nos indicando os caminhos mais certos da vida no permanente convite de nosso Mestre e Senhor Jesus.

ESPÍRITOS DIVERSOS
PSICOGRAFIA DE GERALDO LEMOS NETO

Leia Também

Ignácio de Antioquia

Uma viagem ao tempo da simplicidade e da pureza do Cristianismo, em sua mais bela e genuína expressão. Obra mediúnica repleta de episódios históricos do Cristianismo primitivo, que resgata para a memória da humanidade a vida e a trajetória de um dos seguidores mais valorosos de nosso Senhor Jesus Cristo.

Pelo Espírito Theophorus
Psicografia de Geraldo Lemos Neto

LEIA TAMBÉM

SEMENTEIRA DE LUZ

Voltando à Terra no século XIX, Neio Lúcio encarna a personalidade de Arthur Joviano, cujo núcleo familiar, em missão redentora de um passado longínquo, conta com as presenças de personagens descritos nos romances *50 anos depois* e *Renúncia*. Desprendido em 1934, Neio Lúcio inicia sua comunicação com a família, através da mediunidade de Chico Xavier, em reuniões semanais de culto evangélico na casa de Rômulo Joviano, em Pedro Leopoldo | MG. As mensagens, repletas de sabedoria e amor extremado por todos aqueles com os quais conviveu, são bem a confirmação dos compromissos reparadores que assumimos na Espiritualidade, alicerçados nos ensinamentos de Jesus para nos tornarmos legítimos semeadores da Boa Nova.

PELO ESPÍRITO NEIO LÚCIO
PSICOGRAFIA DE FRANCISCO CÂNDIDO XAVIER
ORGANIZAÇÃO DE WANDA AMORIM JOVIANO

Leia Também

Deus conosco

Deus conosco é o livro que dá sequência às revelações espirituais inéditas da psicografia de Francisco Cândido Xavier, trazidas a lume pela prestimosa organização de Wanda Amorim Joviano, com a colaboração de Geraldo Lemos Neto. As mensagens, recebidas em sua maioria no culto doméstico do Evangelho no lar da família Joviano, nas décadas de 30 a 50, na Fazenda Modelo, em Pedro Leopoldo | MG, são de autoria de Emmanuel, o espírito responsável pela materialização da extensa bibliografia que tanto esclarecimento e consolação verteram da Vida Maior para a face da Terra, através das abnegadas mãos de Chico Xavier. Deus conosco nos traz de volta ao convívio os memoráveis discípulos do Cristo, ligados desde priscas eras, cuja missão foi a da revivescência do Cristianismo puro e simples dos tempos apostólicos, no coração humilde e generoso das terras pacíficas do Brasil.

Pelo Espírito Emmanuel
Psicografia de Francisco Cândido Xavier
Organização de Wanda Amorim Joviano e
Geraldo Lemos Neto

MILITARES NO ALÉM

Dentre os tesouros guardados por Wanda Amorim Joviano, MILITARES NO ALÉM, da lavra de Chico Xavier nos anos de 36 a 52, no mínimo surpreende pela atualidade das mensagens em torno da paz que a humanidade do século XXI tanto anseia. Fruto da sua ingente dedicação no desdobre das tarefas mediúnicas no culto do lar realizado durante muitos anos pelo *Grupo Doméstico Arthur Joviano*, na Fazenda Modelo, em Pedro Leopoldo | MG, esse livro relata, na perspectiva espiritual de muitos servidores da pátria, a realidade consoladora do *outro lado*, onde o trabalho pelo bem não cessa e a esperança é sentimento que inspira a vitória do amor preconizado por Jesus.

ESPÍRITOS DIVERSOS
PSICOGRAFIA DE FRANCISCO CÂNDIDO XAVIER
ORGANIZAÇÃO DE WANDA AMORIM JOVIANO

LEIA TAMBÉM

ILUMINURAS

ILUMINURAS é a primeira publicação de bolso da Vinha de Luz Editora. É composta de pensamentos e frases extraídos do livro *Deus conosco*, do venerável espírito Emmanuel, psicografado por Francisco Cândido Xavier nas décadas de 30 a 50, durante o culto cristão no lar do Dr. Rômulo Joviano, na Fazenda Modelo, em Pedro Leopoldo | MG. A riqueza dos ensinamentos evangélicos apresentados na obra fala por si só e atesta o amparo de nosso Senhor Jesus Cristo à divulgação da Doutrina Espírita, codificada pelo apóstolo Allan Kardec.

PELO ESPÍRITO EMMANUEL
PSICOGRAFIA DE FRANCISCO CÂNDIDO XAVIER
ORGANIZAÇÃO DE CEZAR CARNEIRO DE SOUZA

LEIA TAMBÉM

SEMENTEIRA DE PAZ

Volume que dá sequência ao roteiro de revelações espirituais do espírito Neio Lúcio, que em última romagem terrena envergou a personalidade de Arthur Joviano, pai de Dr. Rômulo Joviano, diretor da Fazenda Modelo em Pedro Leopoldo | MG, onde Chico Xavier trabalhou por largos anos. As mensagens nele contidas surgiram espontaneamente pela psicografia de Chico Xavier a partir de 1935, na residência da família Joviano, na própria Fazenda Modelo, durante o culto do Evangelho no lar do *Grupo Doméstico Arthur Joviano*, a que Chico prazerosamente se dirigia depois de findos os seus trabalhos diuturnos, dando a *Deus o que é de Deus* após dar a *César o que é de César*. Recebidas por Chico Xavier de 1946 a 1948, as mensagens de Neio Lúcio foram batizadas de SEMENTEIRA DE PAZ, sendo esse novo livro, organizado por Wanda Joviano, dedicado ao centenário de nascimento de Chico Xavier (1910-2010), o *medianeiro do amor*.

PELO ESPÍRITO NEIO LÚCIO
PSICOGRAFIA DE FRANCISCO CÂNDIDO XAVIER
ORGANIZAÇÃO DE WANDA AMORIM JOVIANO

Pérolas de sabedoria

Compulsados do livro *Sementeira de luz*, organizado por Wanda Amorim Joviano, as frases e os textos apresentados no livro *Pérolas de sabedoria* foram coletados e reunidos por Braz José Marques com o propósito de engrandecer o aprendizado de todos nós nos estudos evangélicos do dia a dia. As pérolas da Espiritualidade — aqui incrustadas na condição de joias valiosas — são fundamentais para o esclarecimento daqueles que delas se valerem, expositores ou não da Doutrina Espírita.

Pelo Espírito Neio Lúcio

Psicografia de Francisco Cândido Xavier

Organização de Braz José Marques

LEIA TAMBÉM

COLHEITA DO BEM

A autoria desse livro pertence ao professor Arthur Joviano, o estimado benfeitor espiritual que todos nós conhecemos com o nome de Neio Lúcio, personagem do romance *50 anos depois*, de quem recebemos valiosos ensinamentos dirigidos ao espírito imortal que vai vencer a morte e transpor os séculos. Chico Xavier psicografou as mensagens do livro durante o culto do Evangelho no lar da família Joviano, na Fazenda Modelo em Pedro Leopoldo, onde trabalhava. No *Colheita do bem* estão as páginas recebidas nos anos de 1949 a 1952, sendo, portanto, as últimas psicografadas na Fazenda Modelo, uma vez que em 1952 a família Joviano transferiu definitivamente sua residência para a cidade do Rio de Janeiro. *Colheita do bem* finaliza a série iniciada com o livro *Sementeira de luz*, seguido pelo *Sementeira de paz* — formando uma verdadeira trilogia da luz, da paz e do bem maior, que a todos nos une no carreiro da evolução espiritual para Deus.

PELO ESPÍRITO NEIO LÚCIO
PSICOGRAFIA DE FRANCISCO CÂNDIDO XAVIER
ORGANIZAÇÃO DE WANDA AMORIM JOVIANO

EDIÇÃO ESPECIAL

CHICO XAVIER — O PRIMEIRO LIVRO

Vinte anos antes de sua desencarnação, Chico Xavier revelou que sempre guardou no íntimo o desejo de publicar as belas produções mediúnicas que os amigos espirituais escreviam por seu intermédio, nos idos dos anos 20. Chico confeccionava, com suas próprias mãos e com grande esforço, alguns exemplares com a finalidade de despertar os amigos para a possibilidade de um livro. De suas primeiras produções manuais, Chico conseguiu guardar durante toda a sua vida um único exemplar, que ao final de sua existência terrena entregou ao seu sobrinho-neto, Sérgio Luiz Ferreira Gonçalves, que no-lo apresentou para a devida divulgação. Esse é então o primeiro livro de Chico Xavier, que a Vinha de Luz Editora da Casa de Chico Xavier de Pedro Leopoldo trouxe a lume, com a alegria de presentear o amado amigo Chico com a edição de seu *primeiro livro* no ano de 2010, ano de seu centenário de nascimento.

ESPÍRITOS DIVERSOS
PSICOGRAFIA DE FRANCISCO CÂNDIDO XAVIER
ORGANIZAÇÃO DE GERALDO LEMOS NETO E
SÉRGIO LUIZ FERREIRA GONÇALVES

LEIA TAMBÉM

LUZ NA ESCOLA —
CHICO XAVIER NA ESCOLA JESUS CRISTO
DE CAMPOS | RJ

Esse é um livro de Francisco Cândido Xavier, com mensagens psicografadas por ele durante visita de quatro dias à Escola Jesus Cristo, em Campos | RJ, em 1940. Contém comentários de seu organizador, Clóvis Tavares, testemunha ocular de todos os fenômenos ali ocorridos. Os textos desse volume representam uma reedição da sua primeira, pequena, única e esgotada edição, feita também em 1940, publicação de caráter doméstico da Escola Jesus Cristo, agora reeditada pela Vinha de Luz, que desempenha hoje um papel ímpar no resgate histórico da produção mediúnica de Chico Xavier.

ESPÍRITOS DIVERSOS
PSICOGRAFIA DE FRANCISCO CÂNDIDO XAVIER
ORGANIZAÇÃO DE CLÓVIS TAVARES
E FLÁVIO MUSSA TAVARES

LEIA TAMBÉM

VIAJANTES —
A ESPIRITUALIDADE ILUMINANDO SUA
MENTE E SEU CORAÇÃO ATRAVÉS DE
CHICO XAVIER

Primeiro audiolivro da Vinha de Luz Editora, que reúne 20 mensagens de espíritos diversos, psicografadas por Chico Xavier ao longo de seus 75 anos de labor mediúnico. Com um sugestivo título-tema e trilha sonora de rara beleza, VIAJANTES, organizado e interpretado por Fernando Peron, é um incentivo ao estudo sério e aprofundado de tão extraordinário patrimônio filosófico, científico e religioso legado a nós pelas mãos operosas e abençoadas de Chico Xavier.

ESPÍRITOS DIVERSOS
PSICOGRAFIA DE FRANCISCO CÂNDIDO XAVIER
ORGANIZAÇÃO E INTERPRETAÇÃO DE
FERNANDO PERON

LEIA TAMBÉM

LIÇÕES PARA ANGELITA

Quando Chico Xavier tinha apenas 20 anos, dois personagens importantes surgiram para marcar a sua vida: a menina Angelita e sua mãe extremosa. Esse livro contém vinte mensagens repletas de ensinamentos preciosos, repassados de mãe para filha a partir do dia a dia que ambas vivenciam, e também das perguntas que a menina faz sobre os mais diversos temas acerca da existência. São lições para todas as pessoas. A receita segura para a construção do homem de bem – meta que todos nós devemos buscar.

PELO ESPÍRITO JOÃO DE DEUS
PSICOGRAFIA DE FRANCISCO CÂNDIDO XAVIER
ORGANIZAÇÃO DE JOÃO MARCOS WEGUELIN

CHICO XAVIER —
A AURORA DE UMA VIDA ENTRE O CÉU E A TERRA

As mensagens aqui apresentadas foram psicografadas por Chico Xavier e publicadas no jornal espírita *Aurora*, dirigido por Inácio Bittencourt, entre julho de 1928 e abril de 1933. Nesses primeiros anos, Chico era ainda muito jovem, não sabia quem eram os espíritos que se comunicavam por meio dele, e era praticamente desconhecido fora das terras mineiras. A lucidez do jovem Chico Xavier ao comentar, ele mesmo, alguns trechos doutrinários sobre os postulados espíritas surpreende e seja em verso ou em prosa, sobre os mais variados temas, o leitor encontrará nesse livro preciosas lições de vida, ora nos ensinando a aceitar e a bendizer o sofrimento e as provas diárias, ora nos ensinando a viver uma vida verdadeiramente cristã e espírita, mostrando, por fim, quão breve é a existência terrena perante a eternidade do tempo.

ESPÍRITOS DIVERSOS
PSICOGRAFIA DE FRANCISCO CÂNDIDO XAVIER
ORGANIZAÇÃO DE JOÃO MARCOS WEGUELIN

LEIA TAMBÉM

DEPOIS DA TRAVESSIA

Mais um volume da psicografia inédita de Chico Xavier, por espíritos diversos. Permeando as comoventes mensagens desses espíritos sobre a própria sobrevivência além-túmulo, há fac-símiles, fotografias e escritos inéditos de Chico Xavier ilustrando as épocas e as personalidades citadas. A obra é, pois, instrutivo volume contendo valiosas informações sobre a vida espiritual depois da travessia dos umbrais da morte do corpo físico, a induzir-nos o espírito distraído no mundo a uma mais ampla reflexão sobre a imortalidade, patenteando-se-nos a real significação das palavras de Jesus, nosso Senhor e Mestre: "A cada um será dado segundo as próprias obras".

ESPÍRITOS DIVERSOS
PSICOGRAFIA DE FRANCISCO CÂNDIDO XAVIER
ORGANIZAÇÃO DE GERALDO LEMOS NETO E
WANDA AMORIM JOVIANO

LEIA TAMBÉM

MILITARES COM JESUS

As lições deste livro são de autoria de respeitáveis espíritos que passaram pela Terra na difícil experiência como militares. Portadores de grandes responsabilidades no dever, na disciplina, sobretudo integrados na justiça, propugnam, com amor, pela paz e pela felicidade dos povos, e do Brasil como pátria do Evangelho de nosso Senhor Jesus Cristo. São fragmentos extraídos do livro *Militares no Além*, psicografado por Francisco Cândido Xavier no período de 1936 a 1952 em Pedro Leopoldo, Minas Gerais, selecionados e organizados no presente volume como valiosos ensinamentos dos benfeitores da Vida Maior.

ESPÍRITOS DIVERSOS
PSICOGRAFIA DE FRANCISCO CÂNDIDO XAVIER
ORGANIZAÇÃO DE CEZAR CARNEIRO DE SOUZA

REGISTROS IMORTAIS

Registros imortais resgata para a história da Doutrina Espírita o trabalho de desobsessão e de esclarecimento aos desencarnados levado a efeito no Centro Espírita Meimei, fundado por Chico Xavier na Pedro Leopoldo dos anos 50. Por meio da psicofonia, Chico Xavier e diversos outros médiuns receberam mensagens da Vida Maior assinadas por espíritos sofredores e em evolução, em cujo cerne encontramos o Evangelho de Jesus como alicerce seguro para a vida imortal. Complementando as obras *Instruções psicofônicas* e *Vozes do Grande Além*, editadas pela Federação Espírita Brasileira em 1955 e 1957, respectivamente, esse livro é mais um documento importante para o Espiritismo no Brasil e no mundo, testificando a ingente capacidade mediúnica e caritativa do maior médium de todos os tempos e a valiosa contribuição de todos aqueles que com ele conviveram nessas tarefas consoladoras.

ESPÍRITOS DIVERSOS
PSICOFONIA DE FRANCISCO CÂNDIDO XAVIER
ORGANIZAÇÃO DE
EUGÊNIO EUSTÁQUIO DOS SANTOS

OBRAS DA FÉ

A Vinha de Luz tem como missão maior a publicação e a divulgação de obras inéditas da lavra mediúnica de Francisco Cândido Xavier. Esse lançamento comemora seus 10 anos de trabalho e traz para o leitor uma seleção de mensagens de espíritos diversos, psicografadas pelo maior médium de todos os tempos, publicadas em 14 livros lançados por ela na última década. São mensagens de bênçãos. Uma obra de fé, que testifica a grandeza do compromisso para com a Doutrina dos Espíritos e para com o Evangelho do Cristo, respondendo ao chamado da tarefa abençoada com o livro espírita e com a preservação e a ditusão da vida e da obra de Chico Xavier no Brasil e no mundo.

ESPÍRITOS DIVERSOS
PSICOGRAFIA DE FRANCISCO CÂNDIDO XAVIER
ORGANIZAÇÃO DE JOÃO MARCOS WEGUELIN

PALAVRAS SUBLIMES

A partir de 1930, a história de Chico Xavier começou a ser contada pelas páginas de *Reformador*, a mais antiga publicação voltada para a divulgação do Espiritismo no Brasil. Esse livro traz mensagens de Chico Xavier localizadas em suas edições de 1933 a 1950, psicografias assinadas por espíritos de vulto, como Emmanuel, Humberto de Campos, Bittencourt Sampaio, Abel Gomes, dentre outros, sendo este mais um título da bibliografia do médium mineiro que a Vinha de Luz Editora traz a lume, com a organização do jornalista João Marcos Weguelin, para a preservação da vida e da obra do maior brasileiro de todos os tempos.

ESPÍRITOS DIVERSOS
PSICOGRAFIA DE FRANCISCO CÂNDIDO XAVIER
ORGANIZAÇÃO DE JOÃO MARCOS WEGUELIN

LEIA TAMBÉM

A SAUDADE É O METRO DO AMOR

Apresentação das seis comunicações mediúnicas de Clóvis Tavares por meio de Chico Xavier, com quem mantinha uma relação de amizade que não pode ser medida pelos padrões humanos. Na intimidade do lar, Clóvis sempre declarou que só se comunicaria mediunicamente através de Chico. Sua família manteve a fidelidade de sua amizade e reconhece nas cartas espirituais a integridade de sua personalidade. Que a obra possa transmitir a você, leitor, o valor doutrinário dessas comunicações, que não se resumem a cartas domésticas, mas a diretrizes para a vida.

PELO ESPÍRITO CLÓVIS TAVARES
PSICOGRAFIA DE FRANCISCO CÂNDIDO XAVIER
ORGANIZAÇÃO DE FLÁVIO MUSSA TAVARES

LEIA TAMBÉM

CARTAS DO ALTO

A obra contempla, e complementa, o que há de melhor na psicografia de Chico Xavier. Esse trabalho é, para a Vinha de Luz Editora, uma conquista bastante significativa, pois encerra um ciclo de pesquisas em *Reformador*, a revista espírita mais antiga em circulação no país e no mundo. E estimula o empenho e a responsabilidade de continuar buscando em dezenas de outras publicações as mensagens que o maior médium de todos os tempos espalhou por toda a imprensa em 75 anos de tarefa psicográfica e também por todos os lugares por onde passou.

ESPÍRITOS DIVERSOS
PSICOGRAFIA DE FRANCISCO CÂNDIDO XAVIER
ORGANIZAÇÃO DE JOÃO MARCOS WEGUELIN

LEIA TAMBÉM

APOCALIPSE SEGUNDO O ESPIRITISMO
— UMA PROPOSTA DE ESTUDO

Em virtude da consumação de muitos dos "ais" e do derramamento de grande parte das "taças" do Apocalipse, fomos compelidos a ultimar celeremente esse trabalho em face dos atuais momentos pelos quais passa a humanidade terrestre. O objetivo dessa pesquisa é o de chamar a atenção para o papel do Brasil nos anos vindouros, uma vez que se deve considerar a hipótese de o povo brasileiro acolher irmãos de outras terras em momentos difíceis que se aproximam. O que conseguimos arregimentar por intermédio das abençoadas mãos de Chico Xavier são informações profundas e contundentes para as nossas vidas, e certamente auxiliarão na formação de uma cultura de resignação, renúncia e de vontade empenhada para o atendimento aos desígnios do Pai Maior.

MARCO PAULO DENUCCI DI SPIRITO

LEIA TAMBÉM

CHIQUITO

CHIQUITO, da autora portuguesa Julieta Marques, conta um pouco da vida de Chico Xavier em linguagem acessível e direta, num convite ao amor, à humildade e à disciplina exemplificados pelo *médium do século*. Totalmente ilustrado, CHIQUITO é o segundo título da Vinha de Luz Editora voltado à evangelização infantil, que atende, sem dúvida alguma, às *crianças de todas as idades*.

JULIETA MARQUES

CHICO XAVIER —
O MÉDIUM DOS PÉS DESCALÇOS

Chico Xavier foi, durante toda a sua vida, a personificação do bem, do amor ao próximo e da humildade. Nesse livro, Carlos Baccelli relata casos pessoais em torno do médium mineiro e registra, por meio de cartas que agora torna públicas, sua amizade estreita com o maior representante do Espiritismo no Brasil e no mundo. O autor nos coloca em contato muito próximo com Chico Xavier. É como se estivéssemos frente à frente com ele, numa conversa intimista, repleta de ensinamentos. É quase uma conversa ao pé do ouvido — em que podemos sentir de novo, e mais uma vez, a sua insubstituível presença.

CARLOS ANTÔNIO BACCELLI

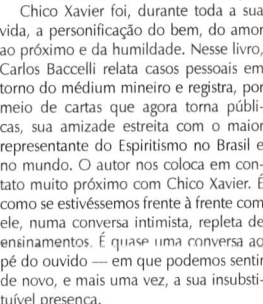

LEIA TAMBÉM

CHICO XAVIER COM VOCÊ

Chico, mais que médium, era sábio. Em seus lábios, tanto ecoavam lições dos espíritos amigos quanto ensinamentos de sua própria autoria. Aqui, nessas páginas, garimpando em obras, revistas e periódicos antigos, o autor organizou uma coleção de pérolas que, sem dúvida alguma, não figuram em nenhuma outra coleção do mundo. Por isso, certamente, com esse abençoado livro você estará de posse de um tesouro de valor incalculável. Um tesouro que fará de você uma das pessoas mais ricas entre todos os homens!

CARLOS A. BACCELLI

LEIA TAMBÉM

O VOO DA GARÇA — CHICO XAVIER EM PEDRO LEOPOLDO | 1910-1959

Esse trabalho histórico, do pesquisador pedroleopoldense Jhon Harley, que conviveu por 21 anos com Chico Xavier, é mais uma contribuição para compreender a figura humana do médium mineiro. Utilizando instrumentos e orientações do campo da História, principalmente no que diz respeito ao uso e à interpretação das fontes orais, escritas e iconográficas disponíveis, o autor transitou entre o acadêmico e o poético, fazendo uma analogia entre uma revoada de garças, ocorrida em 2 de abril de 1910, e a permanência de uma delas entre nós.

JHON HARLEY

NAS TRILHAS DA GARÇA —
CHICO XAVIER NAS MINAS GERAIS

Dando continuidade ao seu trabalho de pesquisador, o pedroleopoldense Jhon Harley, utilizando instrumentos e orientações do campo da História, identificou algumas das "trilhas" percorridas por Chico Xavier nas Minas Gerais, principalmente em Uberaba. Mesmo tendo asas, essa "garça", vivendo a sua humanidade, manteve-se com os pés no chão, de bem com a vida, com os homens e consigo mesma. Para o autor, na perspectiva histórica em que a pesquisa se desenvolve, não é um simples gesto que transforma a sociedade em que vivemos, mas a coerência entre o falar e o agir de uma pessoa, associada ao seu poder de mobilização, é que gera uma ação coletiva de proporções inimagináveis. Chico Xavier foi uma dessas pessoas transformadoras. Por isso destaca, parafraseando o biógrafo uberabense Carlos Baccelli, que Chico não foi um anjo exercendo o papel de um homem, mas um homem, do mundo e no mundo, exercendo o papel de um anjo.

JHON HARLEY

LEIA TAMBÉM

PEDRO LEOPOLDO VISTA POR CHICO XAVIER — 1910 | 1959

49 ANOS DA PRESENÇA DO MAIOR MÉDIUM DE TODOS OS TEMPOS

O que o menino, o jovem e o adulto Chico Xavier vislumbrou em seus primeiros anos de experiências humanas e durante o desabrochar de suas faculdades mediúnicas a serviço do Cristo e da Doutrina dos Espíritos? O que teria o seu cândido olhar registrado pela retina da convivência e da saudade? Esse livro reúne extenso material inédito sobre o maior médium de todos os tempos, com fotografias e documentos recuperados, classificados e arquivados pelo memorialista pedro-leopoldense Geraldo Leão, do Arquivo Geraldo Leão, e por Geraldo Lemos Neto, da Casa de Chico Xavier, que retratam principalmente o ambiente socioeconômico e cultural de Pedro Leopoldo dentro do período em que Chico Xavier lá residiu, desde o berço, em 1910, até a sua mudança definitiva para Uberaba, em 1959.

GERALDO LEÃO E GERALDO LEMOS NETO

CÉLIA LUCIUS, SANTA MARINA —

SEMELHANÇAS ENTRE AS BIOGRAFIAS CATÓLICAS E O ROMANCE *50 ANOS DEPOIS* DE FRANCISCO CÂNDIDO XAVIER E EMMANUEL

CÉLIA LUCIUS, SANTA MARINA é a revivescência da vida daquela que Chico Xavier | Emmanuel descreveram no romance *50 anos depois* como *"o lírio que nasceu do lodo das paixões do mundo para perfumar a noite da vida terrestre"* e que a igreja católica canonizou no século V. Aqui, por meio do minucioso e irrefutável estudo biográfico realizado por Flávio Mussa Tavares, filho do saudoso Clóvis Tavares, de Campos | RJ, o leitor se deparará com diversos relatos sobre Célia, confirmando a veracidade da narrativa do médium mineiro nos idos dos anos 40, tal qual previra Emmanuel no prefácio da obra referenciada. Para os espíritas, a consolidação da interexistência de Chico no desdobramento do labor mediúnico a benefício da difusão da Doutrina e sua prática evangelizadora, exemplificando o amor e a humildade legitimamente cristãos. Para os demais, uma reflexão sobre as lutas transitórias da vida física e a realidade além-túmulo — a verdadeira vida de todos nós.

FLÁVIO MUSSA TAVARES

EVANGELHO PURO, PURO EVANGELHO —

NA DIREÇÃO DO INFINITO

Seguidor inconteste da Boa Nova do Cristo, e espírita em sua mais pura essência filosófica, Martins Peralva deixou para os estudiosos da Doutrina textos de iluminada sabedoria e reflexão, que foram reunidos no livro *Evangelho puro, puro Evangelho — Na direção do Infinito*, organizado por Basílio Peralva, e que a Vinha de Luz Editora trouxe a lume numa homenagem ao centenário de nascimento do *médium do século*, Francisco Cândido Xavier (1910|2010). A obra, que congrega artigos publicados na imprensa de 1945 a 1999, é indispensável ao homem de boa vontade, abordando temas imprescindíveis a todos os corações que jornadeiam rumo ao progresso espiritual.

MARTINS PERALVA
ORGANIZAÇÃO DE BASÍLIO PERALVA

LEIA TAMBÉM

ERA UMA VEZ PARA SEMPRE

Voltado à evangelização infanto--juvenil, esse livro é um compêndio de mensagens de graciosa narrativa, que enfeixa os ensinamentos do Cristo sob a ótica do Espiritismo, correlacionados a diversos assuntos de ordem espiritual e humana. Suas personagens principais — crianças sedentas de amor e de conhecimento — encantam pela perseverança no bem, sempre amparadas pela nobre e sábia Vovó Angel, que, como o próprio nome já diz, é um anjo do Senhor em suas vidas de aprendizado rumo à luz.

PELO ESPÍRITO BLANDINA
PSICOGRAFIA DE CARLOS MALAB

LEIA TAMBÉM

ISABEL —
A MULHER QUE REINOU COM O CORAÇÃO

Após psicografar as primeiras páginas, Chico Xavier manteve um revelador encontro com D. Isabel de Aragão, a Rainha Santa Isabel, a célebre rainha de Portugal, para sempre associada ao milagre da transformação do pão em rosas. Ambos experimentaram o poder, a riqueza, a fama e e a adoração, contudo optaram por viver uma intensa vida interior feita de humildade, perdão, tolerância, paciência, compaixão e caridade como expressões do amor. Esse trabalho avança para além da vida de Isabel de Aragão, apresentando outras duas figuras históricas: Santa Isabel da Hungria e Isabel de Portugal, duquesa da Borgonha. Colocadas as narrativas das vidas das três personagens lado a lado, emergem repetições e similitudes, nas quais encontramos a essência da reencarnação. Segundo testificou o próprio Chico sobre D. Isabel de Aragão, *"ela é um dos gênios espirituais protetores da raça luso-brasileira em diversas partes do mundo para que os povos luso-brasileiros conservem a fraternidade cristã que Jesus nos legou"* (Adelino da Silveira, *Chico, de Francisco*, CEU).

MARIA JOSÉ CUNHA

Departamento Editorial da Casa de Chico Xavier
Av. Álvares Cabral, 1777 — 20º andar — Sala 2006
Santo Agostinho | 30170-001 | Belo Horizonte | MG
(31) 2531-3200 | 2531-3300 | 3517-1573

www.vinhadeluz.com.br
informacoes@vinhadeluz.com.br

www.casadechicoxavier.com.br
informacoes@casadechicoxavier.com.br

www.saberespiritismo.com

Este livro foi composto em tipologia Zapf Humanist,
corpo 10, predominantemente. Capa flexível em PVC
e miolo impresso em Chambril Avena 80g.
Formato Artes Gráficas | Belo Horizonte | Minas Gerais